AF357109

Les Pieds nickelés

COMÉDIE EN UN ACTE

Représentée pour la première fois, à Paris, sur le Théâtre de l'Œuvre
Le 15 Mars 1895

TRISTAN BERNARD

Les

Pieds nickelés

COMÉDIE EN UN ACTE

PARIS

PAUL OLLENDORFF, ÉDITEUR

28 *bis*, RUE DE RICHELIEU, 28 *bis*

1895

A

Louis-Alfred Natanson

PERSONNAGES

ALAIN LAMBERT, 25 ans. . . MM. Fréder.

OMER ARTHUR, 40 ans. . . . Lugne-Poe.

RONCHAUD, créancier, 50 ans. Jablin.

FRANCINE, femme d'Alain,
21 ans . . . . Mmes Suzanne Desprez.

La veuve CAVIAR, 60 ans. . . . France.

La Baronne VIOLET, 45 ans . . Dangeville.

La Bonne . . . . Suzanne Gay.

La scène représente un petit salon assez élégamment meublé.

Les Pieds nickelés

SCÈNE I

ALAIN, FRANCINE

ALAIN

Combien te reste-t-il d'argent?

FRANCINE

Dix-sept francs.

ALAIN

Moi, j'ai vingt-cinq francs cinquante. Notre actif se monte à quarante-deux francs cinquante.

FRANCINE

Et dire qu'il y a des gens qui mettent quinze jours à faire leur inventaire. Mais nous avons encore nos meubles. On pourrait en dresser la liste.

ALAIN

Ne t'impatiente pas. Les huissiers s'en chargeront bientôt.

FRANCINE

Dis donc? Et la note du Louvre qui va venir d'un instant à l'autre.

ALAIN

Comment vas-tu faire?

FRANCINE

Pour le Louvre? Je rendrai un petit objet quelconque, un encrier de poche, ou un presse-citrons, et je dirai au garçon de repasser avec la facture rectifiée.

ALAIN

Ces petites dettes n'ont rien d'inquiétant. Le grave, le terrible, c'est les dix mille francs qu'il va falloir rendre à Ronchaud. Je n'ai que vingt-cinq francs cinquante.

FRANCINE

Et dire que tu ne m'en as parlé que la semaine dernière? Depuis combien de temps les as-tu empruntés?

ALAIN

Depuis deux ans exactement, tiens! un mois après que papa s'est remarié. Il venait de repartir au Brésil.

FRANCINE

Il t'avait pourtant laissé de l'argent en s'en allant?

ALAIN

Quelques milliers de francs qui m'ont servi à solder un arriéré, dont je n'avais jamais parlé à personne. Depuis, je n'ai pas gagné ce que je comptais gagner. Grand'mère m'a aidé un peu. Maintenant elle ne veut plus rien savoir.

FRANCINE

Elle ne te pardonne pas de m'avoir épousée sans dot.

ALAIN

Ce n'est pas ça. Elle-même n'a pas d'argent. Elle n'a que sa propriété de Bourgogne, qui lui rapporte quelques sous pour vivre. Elle ne trouvera jamais à la vendre.

FRANCINE

Mais ce créancier... ce Ronchaud ? Ne m'as-tu pas dit que c'était un ami de ton père ? C'est donc un homme si impitoyable ?

ALAIN

Maintenant, oui. Mais je l'ai connu très bon, excellent... Le jour où il m'a prêté les cinq cents louis. Ah ! ce jour-là, vois-tu, il m'est apparu comme le type parfait de l'homme de bien. Il avait alors pleine confiance en moi. J'avais promis de lui rendre les dix mille francs six mois après.

FRANCINE

Tu attendais de l'argent six mois après ?

ALAIN

Non. Mais j'étais sûr que j'en aurais. J'ai une imagination...

FRANCINE

Très généreuse.

ALAIN

Tu l'as dit. Elle me promet toujours des millions pour le semestre prochain. Deux jours avant l'échéance, j'avais tout juste dix louis pour payer ma dette. J'allai trouver Ronchaud pour lui demander un renouvellement.

FRANCINE

Tu devais être très embêté.

ALAIN

Tu parles... Ronchaud me reçut aimablement et me consentit un renouvellement de six mois, en m'avertissant qu'il aurait absolument besoin de l'argent à l'échéance. Je répondis, presque offensé, que c'était une chose évidente, qui ne souffrait pas la discussion. Il aurait son argent dans six mois, et même, ajoutai-je, très probablement avant.

FRANCINE

Et deux jours avant l'échéance ?

ALAIN

Non, Francine, un jour seulement. Plus la démarche
est pénible, plus je la retarde. J'allai trouver Ronchaud la veille de l'échéance, et je lui dis qu'il se
passait une chose stupéfiante...

FRANCINE

Une chose stupéfiante ?

ALAIN

Oui : je n'avais pas l'argent. Je t'assure que j'étais
très sincèrement stupéfait.

FRANCINE

Je te vois.

ALAIN

Mais j'ajoutai que ces fonds allaient venir d'un instant à l'autre. Que te dirai-je ? J'obtins encore des
renouvellements de mois en mois, puis de quinze
jours en quinze jours.

FRANCINE

Et, à ta dernière entrevue, il t'a paru intraitable ?

ALAIN

Intraitable. Cette fois-ci, c'est la fin des fins. Je le
connais, mon Ronchaud. Il n'y a plus à compter sur
rien.

FRANCINE

Il a dit qu'il viendrait à deux heures?

ALAIN

Oui.

FRANCINE

Hé bien ! il est deux heures et demie. Peut-être ne viendra-t-il pas ?

ALAIN

Si on s'en allait ? On lui ferait dire par la bonne que nous l'avons attendu jusqu'à deux heures et demie, et que nous avons été obligés de sortir pour une affaire d'honneur.

FRANCINE

A quoi veux-tu que ça nous avance ? Il reviendrait ce soir. C'est un moment pénible à passer. Pince-toi le nez, et avale ça comme un verre d'eau purgative.

ALAIN

S'il ne s'agissait que d'un moment pénible ! J'en ai passé bien d'autres. Mais c'est qu'il veut son argent, cet homme. Il recourra aux pires moyens, le protêt, la saisie, ce qui s'ensuit. C'est effrayant tout ça, quand on n'en a pas l'habitude. Je crois qu'il n'est plus en relations aussi suivies avec mon père. Il ne me ménagera pas.

FRANCINE (nerveusement)

C'est pas drôle, tout ça. C'est pas drôle. Cet homme qui va venir, qui va venir. (Brusquement.) Si je faisais un peu de musique. (Elle fouille dans une pile de partitions, placée sur le piano.)

ALAIN

Je vais lire un peu pour me distraire. (Il va à la bibliothèque.) Des vers pour lire aux femmes dans les moments délicats. Des poèmes pour soulager de vagues tristesses. Va te faire fiche ! Il n'y a pas de lecture pour les jours d'échéance. Quelle lacune !

FRANCINE (à la fenêtre)

Une voiture. La dame du troisième. Ce calme ! Elle n'a pas l'air de se douter que nous sommes le 15 février.

ALAIN

Regarde-moi le pharmacien, là, en face. Regarde-moi cet air de tranquillité sur ce hideux visage. Il est là à causer paisiblement, cyniquement, avec cette crapule de mercier, cette sombre crapule de mercier !

FRANCINE

Qu'est-ce qu'il t'a fait ?

ALAIN

Il m'a fait que je lui souhaite une bonne faillite pour avoir l'air insolemment gai, quand son prochain a des échéances. Et sais-tu ce que je souhaite au pharmacien, le sais-tu ?

FRANCINE

Méchant! Qu'est-ce que tu lui souhaites !

ALAIN

Je lui souhaite d'être poursuivi en correctionnelle, pour avoir vendu des toxiques sans ordonnance.

FRANCINE

Ce n'est pas Ronchaud qui vient là-bas !

ALAIN

Tu me donnes des coups dans le cœur. Non, ce n'est pas lui. C'est curieux. Voilà deux jours que je l'attends venir, avec impatience. J'ai répété dix fois ce que j'avais à lui dire. Je lui ai parlé très fermement, devant la glace. Et maintenant, je ne sais fichtre plus ce que je vais lui raconter.

FRANCINE

Tu ne t'es donc pas remué un peu pour avoir de l'argent ces jours-ci?

ALAIN

Ma pauvre enfant! je n'ai fait que ça. J'ai vu des intermédiaires qui m'ont proposé de l'argent à tous les taux, et qui ne m'ont pas procuré un sou.

(Silence.)

Si seulement Ronchaud m'accordait une prolongation, je me remuerais encore tous ces jours-ci. L'ap-

proche d'une échéance vous donne une activité fébrile,
dont il est bon de profiter.

(Silence.)

· Mais il ne m'accordera rien du tout. Ah ! ce Ronchaud ! Je voudrais le voir venir à la fin. Je m'énerve
à l'attendre ainsi ! (On sonne.) On a sonné. Pourvu que
ce ne soit pas lui. C'est peut-être le Louvre.

SCÈNE II

LES MÊMES, LA BONNE

LA BONNE

M. Ronchaud désire parler à monsieur.

ALAIN (à Francine)

Laisse-nous seuls, petit. J'aime mieux ça.

FRANCINE

Et moi aussi. Je n'en pince pas pour ces scènes-là.

SCÈNE III

ALAIN, puis RONCHAUD

ALAIN

Voici l'ennemi. Tiens. Je me sens un peu plus ferme
et plus gaillard. (Se levant.) Monsieur Ronchaud ! Monsieur Ronchaud, j'allais justement vous écrire...

(RONCHAUD prend un air sévère.)

ALAIN (avec hâte)

J'ai l'argent, monsieur Ronchaud, j'ai l'argent. Tranquillisez-vous. C'était seulement pour vous prier de vouloir bien attendre deux ou trois jours.

RONCHAUD

J'ai déjà trop attendu. Il me faut mon argent immédiatement.

ALAIN

Mais puisque je vous dis que j'ai l'argent !

RONCHAUD

Hé bien ! donnez-le ! Voici le billet que vous m'avez signé.

ALAIN

Écoutez, monsieur Ronchaud. Un ami est venu tout à l'heure. J'avais les dix mille francs sur cette table, tout préparés pour vous les donner. Je les vois encore : cinq billets de mille, dix de cinq cents, qui faisaient encore cinq mille. Ça faisait donc dix mille en tout. Cet ami dont je vous parle, qui est un camarade d'enfance, et que je chéris tout particulièrement pour des raisons qu'il serait trop long de vous exposer, cet ami m'a demandé les dix mille francs pour une dette d'honneur. Voyons. Pouvais-je refuser ? Qu'auriez-vous fait à ma place ?

RONCHAUD

J'aurais obligé mon ami avec mon argent et non avec l'argent des autres. C'est avec mon argent, à moi, que vous avez obligé votre ami. Je ne le connais pas, votre ami.

ALAIN

C'est un parfait gentleman.

RONCHAUD

Je n'ai pas dit le contraire. Mais ce n'est pas à moi à payer les dettes d'honneur de tous les parfaits gentlemen qui sont de vos amis.

ALAIN

Monsieur Ronchaud, qu'est-ce que ça peut donc bien vous faire d'attendre, je ne dis pas un mois, ni même quinze jours, mais trois jours, seulement trois jours ; l'argent était là tout à l'heure. Dans trois jours je vous apporterai les fonds.

RONCHAUD

Je n'attendrai pas trois jours. ni deux jours, ni un seul jour. Il me faut mon argent tout de suite.

ALAIN

Sapristi, sapristi ! Mais c'est étonnant comme vous êtes peu raisonnable. Si je vous avais su aussi intraitable, je n'aurais pas prêté cette somme pour trois jours.

3

RONCHAUD

Arrangez-vous pour me trouver cet argent d'ici cinq heures. Je vous répète qu'il me le faut. Demandez-le à un ami, que diable ? Puisque vous devez le rendre dans trois jours.

ALAIN

Précisément, puisque je dois le rendre dans trois jours. Vous entendez. Vous dites vous-même que je dois le rendre dans trois jours. Pourquoi voulez-vous que j'aille déranger un ami, puisque nous sommes en compte ?

RONCHAUD

Permettez. Moi, je n'ai plus confiance en vous. Vous m'avez fait tant de promesses que vous n'avez jamais tenues. Je vous ai dit la dernière fois que je viendrais toucher l'argent ici, sans rémission. Je viens aujourd'hui, à la date fixée. Si je n'ai pas les fonds à cinq heures, je remettrai le billet immédiatement à l'huissier.

ALAIN (avec dignité)

Il suffit, Monsieur ; je m'arrangerai en conséquence.

RONCHAUD

Et vous ferez bien.

ALAIN

Voyons, monsieur Ronchaud. Vous voyez l'embar-

ras où vous me mettez. Vous n'avez pas besoin de ces
dix mille francs. Non, vous n'en avez pas besoin. Et,
pour moi une telle affaire a une importance capitale.
Vous avez ma vie entre vos mains.

RONCHAUD

Mais, cher Monsieur, vous m'avez dit tout cela le
15 janvier dernier, et vous me l'avez répété le 30 du
même mois. J'ai eu le temps d'y réfléchir. J'ai assez
fait pour vous. Si vraiment vous avez l'argent, vous
trouverez facilement un prêteur pour trois jours.
Quand on n'a pas d'argent pour rembourser, que
diable ! on ne fait pas de dettes.

ALAIN

Ah ! dites donc ! Je n'ai que faire de vos conseils,
ni de vos insultes !

RONCHAUD

Je n'insulte pas. Je constate ce fait que vous me
devez de l'argent et que vous ne me payez pas.

ALAIN (avec beaucoup de dignité)

Il suffit, Monsieur. Vous aurez votre argent à cinq
heures.

RONCHAUD

J'y compte bien. A tout à l'heure.

ALAIN

A tout à l'heure.   (Ronchaud sort.)

SCÈNE V

ALAIN (seul)

A-t-on idée d'un pareil égoïste ? Quel triste individu ! Comme je voudrais avoir ses dix mille francs
pour les lui jeter à la figure.

SCÈNE VI

ALAIN, FRANCINE

FRANCINE (entrant)

Ah ! mon ami, mon ami ! J'ai tout entendu. Et je
suis absolument bouleversée. C'est un insolent !

ALAIN

C'est une brute !

FRANCINE

Il n'y a qu'un mot pour le caractériser. Il est
ignoble.

ALAIN

Ah ! avoir seulement dix mille francs pour les flanquer à la figure d'un individu pareil ! Dix billets de
mille francs ! Ou cinq billets de mille et dix de cinq
cents, ça m'est égal. Il me les faut ! La nécessité les fera
sortir de terre.

FRANCINE

Il nous les faut!

ALAIN

Il nous les faut! Et dix mille francs, ça se trouve. (Après réflexion.) Non, ça ne se trouve pas. L'embêtant, c'est que je ne sais pas du tout, mais du tout où les trouver. (On sonne.) Tiens! les voilà!

. SCÈNE VII

LES MÊMES, LA BONNE

LA BONNE

Il y a une dame dans l'antichambre. Voici sa carte.

ALAIN

Mme Caviar! Ah! Mme Caviar! Faites entrer. C'est une vieille femme qui s'occupe de prêts d'argent.

SCÈNE VIII

MADAME CAVIAR

Bonjour, cher Monsieur. Vous allez bien, mon cher Monsieur. Bonjour, Madame. Madame est madame? Mes compliments! Vous m'aviez dit de prendre Bastille-Wagram. Mais c'est qu'il y a encore un bon bout de chemin depuis l'omnibus.

ALAIN

Vous vous êtes occupée de moi.

MADAME CAVIAR

Mon cher Monsieur... Oui, je me suis occupée de vous. Et j'ai du bon, j'ai du nouveau, beaucoup de nouveau. L'ami de mon ami, celui que je vous ai dit, celui qui devait revenir le mois prochain ! Hé bien ! on l'attend. Il va revenir d'ici huit jours, peut-être d'ici quatre jours. (Appuyant.) Il a écrit à sa concierge de ne plus envoyer ses lettres à sa campagne.

ALAIN

Mais aura-t-il l'argent ?

MADAME CAVIAR

Cher Monsieur ! Il est riche à millions ! On vous dit qu'il ne sait pas le compte de sa fortune.

ALAIN

Mais est-il au moins au courant de l'affaire ?

MADAME CAVIAR

Certainement! Il doit être au courant de l'affaire. Et il fera l'affaire, Monsieur. Les renseignements sur vous sont très bons. D'ailleurs, une supposition qu'il ne la fasse pas, il y a un autre ami d'un autre de mes amis qui, lui, la fera bien certainement. Ah ! les prêts sur signature, cher Monsieur, ça ne se fait pas aussi facilement que vous le croyez. Ah ! si vous aviez des garanties.

ALAIN (à part)

Voilà cinquante fois qu'elle me répète que je trouverais plus aisément de l'argent si j'avais des garanties. Si j'avais des garanties, je n'aurais pas besoin d'elle. (Haut.) Mais l'autre ami de l'autre ami, pas celui qui va venir de sa campagne, celui dont vous venez de me parler en dernier lieu, est-il à Paris, celui-là ?

MADAME CAVIAR (mystérieusement)

Il est à Paris.

ALAIN

Peut-il faire l'affaire tout de suite ?

MADAME CAVIAR

Tout de suite... C'est-à-dire dans quatre ou cinq jours. Il faut qu'il prenne des renseignements. Il faut qu'il réalise des fonds.

ALAIN

Écoutez un peu, madame Caviar. Écoutez-moi bien. Il me faut de l'argent pour cinq heures. Un créancier doit venir chercher ici à cinq heures dix mille francs.

MADAME CAVIAR

Comment s'appelle-t-il, ce créancier ? Si j'allais lui demander, à lui-même, de vous prêter les fonds à gros

intérêts, par mon entremise, sans que vous le sachiez,
soi-disant.

ALAIN

C'est inutile. Il ne fait pas d'affaires de ce genre. Je
vous répète qu'il me faut de l'argent pour cinq heures.
Il me faut dix mille francs. Et je n'ai chez moi que...
que quelques centaines de francs. (A part.) Je n'ose jamais
me montrer aussi pauvre que je suis. (Haut.) **Remuez**
votre cervelle. Pouvez-vous à n'importe quel prix
m'avoir dix mille francs pour cinq heures.

MADAME CAVIAR

Pour cinq heures ? Vous n'y pensez pas ! (Réfléchissant.)
Si le monsieur dont je vous ai parlé tout à l'heure,
en premier, celui qui était à sa campagne et qui n'y
est plus, si ce monsieur-là était seulement revenu, ce
serait tout simple. Il n'aurait qu'à ouvrir son **coffre-
fort**, et à donner les fonds. Il est riche à millions,
qu'on vous dit, il ne sait pas le compte de sa fortune.
Attendez. Je vais aller voir le banquier du client de
province dont je vous ai parlé l'autre jour. Je vous
donnerai des nouvelles.

ALAIN

Tâchez de réussir.

MADAME CAVIAR

Mon cher Monsieur !... Écoutez donc. Encore une
petite chose à vous dire. Vous savez que je fais d'ex-

cellentes cigarettes à la main. Recommandez-moi à vos amis. Un mot à la poste : Madame Caviar, 57, rue du Bouloi, et j'en apporte cinq cents dans les vingt-quatre heures.

ALAIN

Nous verrons plus tard. Allez toujours voir votre Monsieur pour les dix mille francs. Ça m'intéresse beaucoup.

MADAME CAVIAR

Au revoir, cher Monsieur. Tous mes compliments, chère Madame. Ne vous dérangez pas. Je trouverai bien. Au revoir, cher Monsieur !

SCÈNE IX

ALAIN, FRANCINE

FRANCINE

Hé bien ! elle va voir un Monsieur. Peut-être arrivera-t-elle à quelque chose.

ALAIN

Ma pauvre enfant ! Tu ne connais pas ces femmes-là. Elles ne vous procurent jamais d'argent. Voilà la dixième fois depuis huit jours qu'elle m'en promet. Je n'y crois plus, et Dieu sait si je voudrais y croire. Elle n'a jamais fait trouver un sou à personne. Mais je suis pour elle le Client. Elle a peur que je ne lui échappe. Elle se raccroche éperdument à l'espoir de la commission qu'elle a une chance sur mille de toucher.

FRANCINE

Alors il faut chercher ailleurs.

ALAIN

Où, ailleurs ? Ah ! nous sommes dans une fichue situation.

SCÈNE X

LES MÊMES, LA BONNE

LA BONNE (entrant)

Monsieur ! Madame ! La belle voiture de la baronne Violet qui vient de s'arrêter devant la maison.

ALAIN (avec une joie subite)

La baronne Violet !

FRANCINE (avec joie)

La baronne Violet !

SCÈNE XI

ALAIN, FRANCINE

ALAIN

Tu sais qu'elle a beaucoup d'argent à placer. Elle en parlait encore devant moi il y a quelques semaines.

FRANCINE

Elle a un manteau, avec des petites bêtes comme
ça, qui lui coûte six mille francs.

ALAIN

J'ai bien pensé, il y a quelque temps, à aller la
voir. Mais c'est embêtant d'aller voir les gens pour
les taper.

FRANCINE

Maintenant l'occasion s'offre d'elle-même.

ALAIN

Nous amènerons tout doucement la conversation
sur nos embarras d'argent. Alors je saisirai le joint et
je lui demanderai — nettement — un grand service.
C'est excellent !

FRANCINE

C'est parfait !   (Entre la baronne.)

SCÈNE XII

LES MÊMES, LA BARONNE

ALAIN ET FRANCINE

Chère Madame !

LA BARONNE

Bonjour, chère petite. Comment allez-vous, cher
Monsieur ? Ce n'est vraiment pas une visite que je

vous fais aujourd'hui. Je suis attendue à un rendez-vous pressant. Mais, en passant devant chez vous, j'ai eu vraiment un remords d'être restée si longtemps sans vous voir. Alors je me suis dit : Entrons dire bonjour à mes amis Lambert.

ALAIN (à part)

A-t-elle une bonne figure ?

FRANCINE

Vous êtes toujours bien occupée! avec vos œuvres de charité...

LA BARONNE

Quelle meilleure distraction voulez-vous que j'aie ?

ALAIN (à part)

A-t-elle une bonne figure! Ah !... Ah !... Je vais au moins la laisser souffler un peu.

LA BARONNE

J'ai bien aussi ma petite partie de poker de temps en temps. Mais c'est mon vice. Je n'en parle pas.

ALAIN (à part)

Encore trois minutes, trois bonnes petites minutes, de répit. (Haut.) Et ces œuvres de bienfaisance ? En êtes-vous contente en ce moment ?

LA BARONNE

Ah ! la misère est grande en ce moment.

FRANCINE

La misère est terrible.

ALAIN

Oui. La misère est terrible. (Il va pour parler à la baronne. **Se ravisant. A part.**) Non, tout à l'heure.

LA BARONNE (à Francine)

Et vous allez beaucoup dans le monde ?

FRANCINE (tristement)

Nous n'allons pas du tout dans le monde.

ALAIN (sombre)

Nous n'allons pas du tout dans le monde.

LA BARONNE

Je ne suis pas sortie beaucoup non plus, tous ces temps-ci... Je suis allée la semaine dernière chez les Faudevier. On s'est beaucoup amusé. On y a joué la comédie, et l'on a fait le poker. Êtes-vous allés beaucoup au théâtre cet hiver ?

ALAIN (tristement)

Nous n'allons jamais au théâtre.

FRANCINE (de même)

Nous n'allons jamais au théâtre.

LA BARONNE

Je vous ai vus pourtant aux Variétés l'autre jour.

ALAIN (sombre)

C'est juste.

FRANCINE

Mais nous n'y avons pris aucun plaisir.

LA BARONNE

Vous aviez l'air de vous amuser beaucoup. (Souriant.) Plus qu'aujourd'hui. Vous semblez préoccupés. Auriez-vous des ennuis ?

ALAIN

Non, rien du tout, rien du tout!

LA BARONNE

Enfin, c'est votre affaire. Est-ce que vous irez au concert du Trocadéro?

ALAIN (après un geste de désappointement)

Au concert du Trocadéro? Oui. C'est-à-dire non. C'est un concert de Bienfaisance?

LA BARONNE

Je suis chargée de placer quelques billets à vingt francs.

ALAIN

Je puis vous en prendre quelques-uns.

LA BARONNE

Combien vous en faut-il ?

ALAIN

Trois ou quatre. Donnez-m'en quatre.

LA BARONNE

Voilà !

ALAIN

Je vous règlerai ça.

LA BARONNE

Oui, c'est bon, c'est bon. Je-suis honteuse de vous
mettre ainsi à contribution.

ALAIN

Oh! ça ne fait rien, ça ne fait rien. Très heureux...
de coopérer... à une œuvre de charité.

LA BARONNE

Je vais être obligée de m'en aller.

ALAIN (avec effusion)

Oh ! restez !

FRANCINE (de même)

Restez encore.

LA BARONNE

Vous êtes bien gentils de me retenir. Mais, très
sérieusement, j'ai un rendez-vous pressé.

ALAIN (à part)

La voilà qui s'en va !

FRANCINE

Nous aurons prochainement le plaisir de vous revoir.

LA BARONNE

Je n'ai pas encore repris mon jour, mais nous aurons l'occasion de nous voir au concert, la semaine
prochaine.

FRANCINE

Oui, c'est ça. Nous nous reverrons au concert. Au
revoir, chère Madame.

LA BARONNE

Au revoir, chère petite. Au revoir, cher Monsieur.

(Elle sort.)

SCÈNE XIII

ALAIN, FRANCINE

(Ils reviennent d'abord lentement, sans rien
dire, jusqu'au bureau.)

ALAIN

Hé bien !

FRANCINE

Hé bien !

ALAIN

Je n'ai rien osé dire.

FRANCINE

Moi non plus.

ALAIN

C'est absurde.

FRANCINE

Voilà notre dernier espoir de salut qui s'en va. Mais
je ne te comprends pas. Tu as encore été lui prendre
pour quatre-vingts francs de billets.

ALAIN

C'est de l'argent bien placé. C'est pour une œuvre
de bienfaisance. Je ne le regrette pas.

FRANCINE

C'est égal. Avec notre timidité, nous avons laissé
échapper là une belle occasion de nous tirer d'embarras.

ALAIN (d'un ton délibéré)

Ça n'a pas d'importance. Nous trouverons ce qu'il
nous faut... ailleurs.

FRANCINE

Où donc ?

ALAIN

Je n'en sais rien du tout. Si, au fait. Je sais. Nous allons avoir la vérité d'Omer Arthur, notre excellent cousin. Ça m'étonne qu'il ne soit pas encore ici. J'ai passé, il y a deux jours, devant chez lui. J'ai laissé un mot chez son concierge. Je lui disais de venir nous voir. Il sait que nous ne sortons pas le vendredi. Il viendra très probablement.

FRANCINE

Et tu lui as déjà demandé de l'argent ?

ALAIN

Figure-toi que non. Je n'ai jamais songé à le taper. Mais c'est que j'y songe maintenant et sérieusement ! C'est si simple. Comment n'y ai-je pas pensé tout de suite ? (On sonne.) Tiens, on a sonné !

FRANCINE

Si c'était lui.

ALAIN

Ah non ! voyons, juste au même moment... Ce serait une veine trop extraordinaire.

SCÈNE XIV

LES MÊMES, LA BONNE

LA BONNE

Monsieur Omer Arthur.

SCÈNE XV

ALAIN, FRANCINE, OMER ARTHUR

ALAIN (à Francine)

Oh ! c'est étonnant. Je donnerai cent sous à la bonne pour annoncer ça comme ça. (A Omer qui entre.) Bonjour, Omer.

FRANCINE

Bonjour, monsieur Arthur.

OMER

Bonjour, les enfants ! Ça va bien ? Et de bonnes nouvelles du papa ? Et votre grand'mère va toujours mieux ?

ALAIN

C'est à vous qu'il faut demander si vous allez mieux. Vous étiez souffrant dernièrement.

OMER

Oh ! c'est rien de ça. Un peu de grippe.

ALAIN

Et vous êtes toujours content ?

OMER

Je n'ai pas le temps d'être content, mon gros. (Il rit.) Les affaires marchent d'une façon prodigieuse. Il n'y

a qu'à se baisser. (Il rit) Ma parole, il n'y a qu'à se
baisser. J'ai encore traité hier une affaire, où j'aurai
cent cinquante mille francs nets, la culture du hou-
blon en Espagne. (Il rit.) Oui, je vais jusqu'en Espagne.
Mais je n'aurais pas besoin d'aller si loin. Mon affaire
de Rouen me rapportera... Devine.

ALAIN

Je n'ai aucune idée.

OMER

Dis toujours un chiffre, pour voir.

ALAIN

Je ne sais pas, moi.

OMER

Allons ! dis, dis !

ALAIN

Hé bien !... trois cent mille.

OMER

Tu ne te trompes que de moitié. Ce n'est pas trois
cents, c'est six cents. A part ça, tu es dans le vrai.
(Il rit.) J'ai encore refusé ce matin une affaire où il y
avait quatre-vingt mille francs à gagner. (D'un ton plaintif.)
Mais je n'ai pas le temps. Je suis trop occupé. Et toi,
qu'est-ce que tu fais de beau ?

ALAIN

Pas grand'chose de beau.

OMER

(Il rit) Pas grand'chose. Mon gros ! Pas grand'chose
de beau. Il a bien dit ça. Tu vis tranquillement de tes
petites rentes. Tu n'as pas le génie des affaires. Et tu
t'en fiches, hein, mon gros ! (Sérieusement.) Hé bien, tu
as tort. Pour toi, qui es un garçon un peu curieux,
tu y trouverais des sensations... curieuses, des sensations de lutte. Et puis, peut-être que ça ne te déplai-
rait pas, à la longue, de gagner de temps en temps
quelques billets de mille francs.

ALAIN

Je crois bien. En ce moment, précisément, ça me
serait fort agréable. (Après une hésitation.) Je suis très
gêné.

FRANCINE (délibérément)

Nous sommes très gênés.

OMER

Allons donc ! Vous êtes très gênés. Ça n'existe pas,
ces choses-là. J'admets que tu ne gagnes rien. Mais
ton père te fait une rente. C'est que tu ne sais pas
t'organiser, alors. Non, tu ne me feras pas croire que
tu es gêné.

ALAIN

C'est tellement vrai, que je voulais aller vous voir ces jours-ci pour vous demander un service. Oui, j'aurais voulu que vous me disiez où je pourrais trouver une douzaine de mille francs. Peut-être vous-même... pourriez-vous. . ? (A part.) Allons ! ça y est ! c'est lâché !

OMER (subitement grave)

Alain, tu es mon ami ; c'est ce qui m'autorise à te dire franchement, sans ambages et sans détours : **Non, non**. Je n'ai pas actuellement de fonds disponibles. Mais j'en aurais que je te répondrais : Non, non. Un faux ami userait de ménagements, te répondrait d'une façon évasive. Peut-être même irait-il jusqu'à te les prêter. Et tu te mettrais dans un embarras beaucoup plus sérieux, pour les lui rendre. Moi, je suis un **vrai** ami, et je te dis : Non.

ALAIN

Je vous remercie. N'en parlons plus. Je verrai, je m'organiserai. Au fond, je ne suis pas trop en peine. Je trouverai toujours à m'arranger.

OMER

Moi, je te dis ce qui est, n'est-ce pas ? J'ai besoin de tout mon argent. Et je n'en puis distraire un centime. C'est effrayant, sais-tu, ce que l'argent est difficile à trouver. Les affaires marchent, mais l'argent se cache. Il a peur. C'est bizarre, mais c'est comme ça. Le capitaliste tient à pouvoir se défendre. Il ne veut pas courir d'aventures... Il ne veut pas courir d'aventures... Tu... es sorti ce matin ?

ALAIN

Non.

OMER

Le temps n'est pas bon aujourd'hui.

ALAIN

Le temps n'est pas bien bon.

OMER

Il faut faire attention, tu sais, toi qui as toujours été sensible de la gorge. Vous entendez ? ma petite Francine, il faut qu'il fasse bien attention. Et moi donc! Moi aussi je devrais me méfier. Je fume trop, et j'ai tort... (Fouillant dans sa poche) Tiens! j'ai un bon cigare pour toi.

ALAIN (prenant le cigare)

Merci. (Il le met dans sa poche de côté.) Je le fumerai dès ce soir.

OMER (tendant son porte-cigares)

Il m'en reste encore un autre. Si, si! Prends-le. Tu me rendras service. Je le fumerais et je m'irriterais la gorge.

(Alain prend le cigare.)

OMER (tirant sa montre)

Je vous demande pardon si je regarde l'heure. Ho !
Ho ! il est quatre heures... et moi qui dois être rue du
Louvre à quatre heures un quart... pour une affaire
importante. (Dégoûté.) Oh ! une affaire qui me donne plus
de tintouin que de profit. (Avec un soupir.) Ah ! ça ne va
pas toujours comme on voudrait. Au revoir, au revoir,
les enfants ! Portez-vous bien, n'est-ce pas ? Au revoir.

SCÈNE XV

ALAIN

Hé bien ! Qu'en dis-tu ?

FRANCINE

Je dis que c'est un vilain individu. Il a de l'argent
tant qu'il en veut. Nous rasait-il assez avec ses affaires
merveilleuses !

ALAIN (songeur)

Es-tu sûre qu'il ait de l'argent? Il est très rare que
les gens qui font tant d'affaires aient de l'argent. S'ils
en avaient, ils seraient plus méfiants, plus craintifs, et
ne feraient pas d'affaires.

FRANCINE

Mais voyons, voyons! Il a gagné six cent mille
francs, et il ne peut pas nous en prêter dix mille.

ALAIN

Es-tu sûre qu'il ait gagné six cent mille francs? Les gens d'affaires font entre eux des affaires extraordinaires. Ils achètent très cher des choses — qu'ils ne paient pas, et les revendent encore plus cher à des gens qui ne les paient pas. Ils doivent toucher des fortunes, ils y comptent, et cette ferme espérance les soutient.

FRANCINE

Mais de quoi vivent-ils tous ? Qui paie leur loyer et leurs voitures ?

ALAIN

De soi-disant petites commissions, dont quelques bonnes poires de province ou quelques fils de famille alimentent le marché. Ils vivent richement, au jour le jour, et quand leur vaisselle plate n'est pas au clou, ils y mangent leur vache enragée.

FRANCINE

Et voici comment se résume notre situation : les gens qui voudraient bien obliger n'ont pas d'argent ; quant à ceux qui ont de l'argent...

ALAIN

Ils ne marchent pas. Ils ont, comme on dit, les pieds nickelés. Ils sont lourds à remuer, ainsi que des tirelires pleines. Leurs pieds nickelés ne sont que de vains ornements.

6

FRANCINE

En attendant, nous voici encore au fond, tout au fond du seau. Et Ronchaud qui va venir dans une demi-heure !

ALAIN

Que c'est bête, que c'est idiot d'avoir laissé partir la baronne.

FRANCINE

C'est une si bonne femme !

ALAIN

Mais oui, mais oui. C'est une bonne femme. Elle aurait été ravie de nous rendre service.

FRANCINE

Tu ferais peut-être bien d'aller jusque chez elle.

ALAIN

Elle n'est pas encore rentrée.

FRANCINE

Écoute.

ALAIN

Quoi ?

FRANCINE

Une voiture.

ALAIN (à la fenêtre)

Oh! il y a un Dieu! Dieu existe! J'en suis sûr maintenant.

FRANCINE

Tu l'aperçois dans la rue!

ALAIN

Non. Mais j'ai aperçu l'envoyée de Dieu. (Revenant.) J'ai aperçu la baronne, la providentielle baronne qui revient. Elle a sans doute oublié quelque chose. Ah! cette fois-ci, tu sais, j'aurai du courage.

(Entre la baronne.)

SCÈNE XVII

LES MÊMES, LA BARONNE

LA BARONNE

Bonjour, mes amis. C'est encore moi. Madame Lambert, vous n'allez pas être jalouse. J'ai quelque chose à dire à votre mari en particulier.

FRANCINE

Mais comment donc, Madame! (A Alain.) Qu'est-ce

qui se passe? Probablement quelque chose de très chic. Elle a dû deviner nos ennuis.

(Elle va jusqu'à la porte et dit quelques mots à Alain.)

LA BARONNE (à part)

Le poker est un jeu passionnant! Mais qu'il vous met parfois dans de cruels embarras. Ce petit Lambert pourra sans doute me prêter les cinq cents louis dont j'ai besoin pour lundi. La bonne figure qu'il a, ce petit Lambert! Et dire que cette bonne figure va changer tout à l'heure !

(Sort Francine.) .

SCÈNE XVIII

LA BARONNE, ALAIN

ALAIN

Madame, je vous écoute.

LA BARONNE

Monsieur Lambert, que pensez-vous des gens indiscrets ?

ALAIN

Mon Dieu! Madame! vous exprimer... à brûle-pourpoint... une opinion sur un sujet aussi général.

LA BARONNE

Je précise. Monsieur Lambert, que pensez-vous des amis indiscrets?

ALAIN (hésitant)

Et vous, madame ?

LA BARONNE

Que pensez-vous des gens qui, brusquement, sans crier gare, viennent changer des rapports amicaux en relations d'affaires.

ALAIN (hésitant)

Et vous, madame, que pensez-vous de ces gens-là ?

LA BARONNE

Voulez-vous ma pensée très franche là-dessus? Mon avis, à moi, est que la personne toute désignée pour recevoir ces confidences et vous venir en aide, c'est précisément un ami.

ALAIN

C'est ce que je me disais il n'y a pas longtemps. C'est devant un ami, à ce qu'il me semble du moins, qu'on doit déposer le vain orgueil, la sotte pudeur des embarras d'argent.

LA BARONNE

Tenez, c'est curieux! C'est ce que je me disais, il n'y a pas un quart d'heure.

ALAIN

Oui, oui. Mais si l'on peut admettre cette confiance réciproque, entre deux amis de vieille date, en est-il de même, s'il s'agit de deux amis... récents, qui n'ont pas eu le temps de s'éprouver mutuellement par une longue connaissance?

LA BARONNE

Oui, oui, c'est ce que je me demandais tout à l'heure.

ALAIN

J'ai réfléchi là-dessus, et je me suis dit, après réflexion, qu'une telle indiscrétion pouvait se pardonner entre deux amis récents, si les deux personnes en présence se connaissaient assez pour se savoir franches et de bonne compagnie.

LA BARONNE

Mais oui, mais oui. Serait-ce une chose si terrible, si répréhensible, si l'une d'elles, dans un moment d'embarras, venait trouver l'autre, avec hardiesse et confiance, et lui disait, sans la crainte puérile de voir sa démarche mal interprétée : Voici. Je suis dans un grand embarras. Vous pouvez m'en tirer...

ALAIN

Je viens à vous par sympathie.

LA BARONNE

Par une vive sympathie naturelle.

ALAIN

Et simplement, loyalement...

LA BARONNE

Je viens vous demander la somme dont j'ai besoin.

ALAIN

Ah ! que je suis heureux de vous voir dans ces idées-là. Si vous saviez ! Mais vous savez, n'est-ce pas ? combien vos paroles me font du bien.

LA BARONNE

Je sais que vous êtes un ami. Aussi vous dis-je sans façon : mon ami Lambert, j'ai des ennuis en ce moment. Pouvez-vous me prêter cinq cents louis ?

ALAIN (abasourdi)

Vous... Vous... Vous avez besoin de cinq cents louis ?

LA BARONNE

Hé oui ! cette semaine le poker...

ALAIN

Vous avez besoin de cinq cents louis ?

LA BARONNE

Hé oui ! mon pauvre ami.

ALAIN

Comme ça se trouve ! Moi aussi, j'ai besoin de cinq cents louis. Et le plus fort, c'est que j'allais vous les demander.

LA BARONNE

Comment ? Vous, vous avez besoin de cinq cents louis.

ALAIN

J'ai une traite à payer à cinq heures. Voilà trois jours que je vis dans des soucis terribles. Et ma femme et moi, quand vous êtes venue tout à l'heure, nous avons été vingt fois sur le point de vous demander ces dix mille francs, et nous n'avons pas osé. Ah ! si nous avions su que vous ne les aviez pas, nous aurions eu plus de courage.

LA BARONNE

Je n'en reviens pas. Comment, vous ? Alain Lambert ? Qui avez un père riche, vous qui n'êtes pas joueur, vous avez besoin de cinq cents louis ?

ALAIN

Hé oui ! Nous avons tous les deux besoin de cinq cents louis au même moment.

LA BARONNE

Curieuse coïncidence.

ALAIN

Non, coïncidence très fréquente, je finis par le croire.

LA BARONNE

Hé bien ! écoutez, tant pis. Que voulez-vous ? Vous me les prêterez quand vous les aurez, ou c'est moi qui vous les prêterai quand je les aurai.

ALAIN (haut)

Oui, oui, certainement. (A part.) Non, non, certainement. Nous nous savons gênés. Nous ne nous les prêterons jamais, ni à l'un ni à l'autre.

LA BARONNE

Enfin ! Ceci entre nous, n'est-ce pas ?

ALAIN

Et je compte sur votre discrétion. Au revoir, chère madame.

LA BARONNE

Au revoir, cher monsieur.

SCÈNE XIX

ALAIN (seul)

Encore une illusion qui s'en va. C'est égal. Je suis moins désemparé après cette déception-là qu'après les autres. Il n'y a pas que moi qui ai besoin d'argent. La baronne est dans mon cas. La baronne Violet, avec sa voiture ! Francine !

SCÈNE XX

ALAIN, FRANCINE

FRANCINE

J'ai tout entendu, tu sais. J'étais là. Elle est drôle.

ALAIN

Oui, elle est drôle. A propos de choses drôles, tu sais qu'il est cinq heures moins dix.

FRANCINE

Il va venir dans dix minutes.

ALAIN

Et il ne nous fera pas grâce d'un quart d'heure.

FRANCINE

Qu'est-ce que nous allons faire ?

ALAIN

Je renonce à me le demander. Tiens ! j'entends qu'on crie dans la rue la liste des numéros gagnants des bons de l'Exposition. J'ai deux numéros. J'ai peut-être gagné un lot de dix mille francs. Je n'ai pas consulté la liste depuis dix-huit mois. Si on envoyait la bonne ?

FRANCINE

C'est ça. Envoyons la bonne. Berthe ! (Elle va un instant dans l'antichambre et rentre.)

ALAIN

Crois-tu, si je gagnais dix mille francs. Je pourrais

gagner vingt mille francs, tu sais ? On verserait dix mille francs à Ronchaud, et on ferait la fête avec le reste.

FRANCINE

Contentons-nous seulement de dix mille francs.

ALAIN

Oui, pour les flanquer à la figure de Ronchaud. Tiens, cochon ! voilà ton argent, et qu'on ne te revoie plus !... Non, plutôt affecter un air digne, plein de commisération ! Voilà, monsieur. votre argent ! Et lui s'excusant, le visage doux, aimable !... Ah ! voilà la liste.

(Entre la bonne.)

SCÈNE XXI

LES MÊMES, LA BONNE

FRANCINE

J'ai les numéros sur mon carnet : 204 632 et 204 633.

ALAIN

Voyons. Les numéros sont rangés par ordre : 52 mille, 54... 76... 127... 183... 204 ! Ah ! 204 ! 204 312, c'est pas ça, 204 917, c'est pas ça, 206 mille.

C'est fini, nous sommes dans le seau. (A la bonne.) Eh bien ! Qu'est-ce que vous attendez ?

LA BONNE

C'est la bonne femme qu'est venue ce matin, madame Caviar.

ALAIN

Qu'est-ce qu'elle nous veut, cette vieille bête. Faites entrer.

SCÈNE XXII

ALAIN, FRANCINE, LA VEUVE CAVIAR

LA VEUVE CAVIAR

(Elle entre à petits pas, salue discrètement et s'approche d'Alain)

— Régardez là.

(Elle entr'ouvre son sac)

ALAIN

Des billets !

LA VEUVE CAVIAR

Dix billets de mille francs. Veuillez compter. J'ai donné en échange l'effet de douze mille francs que vous m'aviez remis l'autre jour. Les renseignements

sur vous étaient très bons. Et justement le client était
là. Il touchait ses rentes aujourd'hui. C'est un monsieur très bien, si vous voyiez, c'est un noble. Il pos-
sède cinq meublés dans le quartier de l'Europe.

ALAIN

Vous, vous êtes une brave femme, vous savez.

FRANCINE

Oh ! oui, vous êtes une bonne femme.

ALAIN

Vous êtes une femme, tout à fait pratique. Mais,
dites donc, et votre commission ?

LA VEUVE CAVIAR

J'ai touché dix mille quatre. J'ai pris quatre cents
francs pour moi.

ALAIN (regardant les billets)

Et il vous a donné ça comme ça ? C'est un brave
homme, vous savez !

LA VEUVE CAVIAR

Ah ! c'est un monsieur très bien.

ALAIN (à Francine)

Nous avons une veine extraordinaire... C'est plus extraordinaire et moins effrayant que de gagner un gros lot des bons de l'Exposition.

LA VEUVE CAVIAR

Je vais vous souhaiter le bonjour.

FRANCINE

Comme ça, tout de suite? Vous allez bien prendre quelque chose ?

LA VEUVE CAVIAR

Merci, merci. Jamais rien. Et le médecin, qu'est-ce qu'il dirait ? Je vais vous souhaiter le bonjour... Ah! pourtant... une petite chose... Vous n'avez pas parmi vos amis un amateur ?

ALAIN

De cigarettes à la main...

LA VEUVE CAVIAR

Non, non. Pour vingt-cinq tableaux de l'Ecole hollandaise. C'est un dentiste de mes amis qui a ça par un de ses amis, et qui voudrait s'en débarrasser. On aurait ça dans des conditions inouïes de bon marché.

ALAIN

Je ne dis pas... Je verrai...

LA VEUVE CAVIAR

Pensez-y, n'est-ce pas? Occupez-vous en. Ce sera une bonne affaire pour tout le monde, le dentiste, la personne qui achètera, et pour vous donc, et aussi pour moi, pas? au revoir, cher monsieur!

ALAIN ET FRANCINE

Au revoir, ma bonne madame Caviar.

SCÈNE XXIII

ALAIN, FRANCINE

(Alain et Francine dansent une ronde échevelée et retombent
sur le canapé)

ALAIN

Mon beau chéri!

FRANCINE

Ma belle chérie!

ALAIN

La plus belle des petites femmes!

FRANCINE

Le plus gentil de tous les cocos!

ALAIN

La petite reine de mon cœur!

FRANCINE

Le plus beau des déchards!

ALAIN

Non, le plus beau des hommes riches! Regarde ces billets!

FRANCINE

Ces billets, ces admirables billets, ces billets sauveurs, qui vont soufleter Ronchaud!

ALAIN

Ah! Ah! Ronchaud! Tu vas passer un mauvais quart d'heure. Quelle heure est-il? Cinq heures dix. Et cet animal qui n'est pas là! (Il va à la fenêtre.) Il pourrait au moins être exact. Du moment qu'il a dit: cinq heures, il devrait être ici à cinq heures. L'exactitude en affaires, que diable!

FRANCINE

Regarde ces beaux billets!

ALAIN

Dis donc ! Ça ne te fait pas un peu mal au cœur de
les quitter tout à l'heure ?

FRANCINE

Oui, mais quelle satisfaction de payer **notre dette** !

ALAIN

Oui, quelle satisfaction.

FRANCINE

Il me tarde de l'avoir payée.

ALAIN

Moi, il me semble que je l'ai déjà payée, depuis le
moment où l'on m'a remis les billets.

FRANCINE

Comme nous serons heureux quand **nous serons**
débarrassés de Ronchaud !

ALAIN

Oui. Nous serons heureux. Pendant **deux jours au**
moins. Puis nous n'y penserons plus. Et **nous n'avons**
que quarante-deux francs.

FRANCINE

Mais nous aurons la tête haute.

ALAIN

La tête haute et quarante-deux francs. Maintenant nous n'avons pas encore la tête haute. Mais nous avons en notre possession dix mille quarante-deux francs. Je suis moins pressé de voir arriver Ronchaud. (Songeur.) Avec dix mille quarante-deux francs, on peut vivre largement, pendant quelques mois. Et sans dépenser follement cet argent, en vivant du peu que je gagne, quelle satisfaction, quelle tranquillité, d'avoir des billets de mille francs dans son armoire.

FRANCINE

Puisqu'il faut que nous les donnions à Ronchaud.

ALAIN

Oui, il le faut. Il va les mettre paisiblement dans sa poche et les emporter chez son banquier, et il ne nous saura aucun gré de les lui avoir donnés.

FRANCINE

De les lui avoir rendus, veux-tu dire.

ALAIN

Rendus, si tu tiens au terme. Ça me fait mal au cœur, à moi, de les lui rendre. C'est si difficile à gagner, et il faut lâcher ça comme ça.

FRANCINE

Mais, puisqu'il le faut.

ALAIN

Il le faut, il le faut. Enfin, qu'est-ce qu'il **ferait**, veux-tu me dire ce qu'il ferait, si je ne les lui donnais pas ? Il mettrait l'huissier à mes trousses. **Hé bien!** on l'attendrait, l'huissier! On pourrait l'attendre tranquillement, puisqu'on aurait toujours là de quoi arrêter les frais. (On sonne.) **Tiens! voilà le rapace!** Cinq heures vingt-cinq. Il avait dit **cinq** heures. Vingt-cinq minutes de répit! C'est ce qu'il **a** bien voulu nous accorder. Hé bien! attends! **Je vais** lui apprendre à être si pressé. Il veut son **argent tout** de suite. Il ne l'aura pas, son argent! Soyons poli.

SCÈNE XXIV

ALAIN, FRANCINE, RONCHAUD

ALAIN

Monsieur Ronchaud! ça va bien, monsieur Ronchaud! Je n'ai rien de très agréable à **vous** dire. **Je** n'ai pas l'argent.

MONSIEUR RONCHAUD

Mais tout à l'heure vous m'aviez dit que **vous** l'aviez.

ALAIN

Maintenant je vous dis que je ne l'ai pas.

RONCHAUD

Et vous me dites ça comme ça.

ALAIN

Comment voulez-vous que je vous dise ça? Vous êtes un homme sérieux, et vous n'aimez pas les faux-fuyants Assez de faux-fuyants! Voulez-vous que je vous dise : j'ai l'argent, alors que je ne l'ai pas. Non, je suis simple, je suis... franc. Je n'ai pas l'argent. Alors je dis: Je n'ai pas l'argent.

RONCHAUD (avec un violent effort pour se contenir)

Bien. Vous savez ce qui vous attend.

ALAIN

Hé bien, pas très exactement, je vous dirai. Je sais qu'il y a des protêts, des saisies...

RONCHAUD

Je vous ferai saisir.

ALAIN

Hé bien! franchement, ça sera bien fait pour moi. Je ne veux pas vous retenir plus longtemps.

RONCHAUD

Je n'ai que trop tardé.

ALAIN

C'est bien mon avis.

RONCHAUD

Je vous montrerai si on se fiche de moi de cette façon-là.

(Il sort, puis rentre.)

RONCHAUD

Alors, sérieusement, vous n'avez pas l'argent?

ALAIN

Sérieusement. Je suis un débiteur insolvable.

RONCHAUD

Et les suites ne vous font pas peur.

ALAIN

Les suites ne me font plus peur. J'étais moins crâne tout à l'heure. Mais cet après-midi j'ai eu... l'occasion de réfléchir, et de me résigner. (Bas, à Francine.) Regarde. Il s'est passé dans ma personne une transformation des plus curieuses. J'ai les pieds nickelés.

RONCHAUD

Ecoutez. Je ne suis pas mauvais diable. Je veux bien vous faire encore, mais pour la toute dernière fois, un renouvellement d'un mois.

ALAIN

Oh! non, non. Dans un mois je n'aurai pas l'argent.
Mieux vaut en finir tout de suite.

RONCHAUD

Hé bien. Nous en finirons! (silence). Ecoutez, j'irai
jusqu'à trois mois.

ALAIN

Dans trois mois je n'aurai pas l'argent. Je suis carré
en affaires. Votre intérêt est d'en finir tout de suite.

RONCHAUD

Hé bien, crebleu! nous en finirons. Je ne peux
pourtant pas aller jusqu'à six mois.

ALAIN

Je n'accepterais d'ailleurs pas, croyez-le bien. Six
mois, c'est trop court. Je n'aurai de fonds à ma dis-
position (faisant mine de consulter un calendrier) que dans
neuf mois et demi. Si vous tenez absolument à me
faire un renouvellement, je signerai un billet à dix
mois. C'est tout ce que je puis faire pour vous.

RONCHAUD

Vous me signerez ce billet. Mais dans dix mois il
faudra que vous ayez les fonds. Autrement, vous

verrez. Je serai impitoyable. Venez demain à mon bureau signer le billet. Madame ! (Il salue et sort.)

SCÈNE XXV

ALAIN, FRANCINE, LA BONNE

ALAIN

C'est drôle. Il n'a pas l'air content.

LA BONNE (entrant)

Madame est servie.

ALAIN

Qu'est-ce que tu as à dîner ?

FRANCINE

La moitié du poulet de midi.

ALAIN

C'est bien peu de chose après de telles émotions. Si nous allions dîner au restaurant, dis ? (A la bonne.) Vous me monterez un journal du soir, que je voie le programme des théâtres.

RIDEAU

Tours, imp. DESLIS FRÈRES, rue Gambetta, 6.